Die Maronenfalle

Rüdiger Schneider

Die Maronenfalle

Kriminalkomödie in 21 Szenen

Für Hörspiel, Theater, Fernsehen

Bibliografische Information der Deutschen
Nationalbibliothek:
Die Deutsche Nationalbibliothek verzeichnet diese
Publikation in der Deutschen Nationalbibliografie;
detaillierte bibliografische Daten sind im Internet
über http://dnb.d-nb.de abrufbar.

Herstellung und Verlag: BoD - Books on Demand,
Norderstedt

ISBN 9783744873260

Personen:

Dr. Manfred Kellermann (52 Jahre, Psychotherapeut, befreit seinen Patienten nicht nur vom Sparkonto und einer attraktiven Frau, sondern auch vom Leben)

Max Wienacker (54 Jahre, Frührentner, heimlich reich)

Clara Wienacker (49 Jahre, Maxens Frau,Violinistin, attraktiv)

Sylvie Ratschläger (28 Jahre, Sprechstundenhilfe, sehr natürlich)

Berthold Borowski (53 Jahre, Apotheker, Freund Kellermanns, finanziell klamm)

Ort: Stadt in Deutschland

Die Geschichte ist fiktiv. Ähnlichkeiten mit lebenden Personen sind rein zufällig.

Szene 1

Kaffeemaschine gurgelt, Staumeldung im Radio, Clara Wienacker kommt in die Küche

Max: Da bist du ja. Halb zehn. Kaffee?

Clara: *Gähnt, reckt sich, setzt sich. Spitz:*

Frag doch nicht so! Hab' ich schon mal mit Tee angefangen?

Max: Nein.

Clara: Bist schon wieder früh auf den Beinen gewesen. Um fünf war das Bett leer. Was soll das?

Max: Konnte nicht schlafen.

Clara: Da ist doch ein Zusammenhang. Ich bin doch nicht blind. Wenn wir nachts im Bett herumturnen, schläfst du durch. Bis neun oder zehn sogar. Wenn nicht, stehst du um fünf auf und treibst dich in der Wohnung rum.

Max: Ist ja nicht so schlimm. Kann halt nur durchschlafen, wenn... Na, ja.

Clara: Was wenn? Sag's!

Max: Ich bin ein Mann. Ich möchte vögeln.

Klara: Wir können doch nicht jeden Abend..., bloß damit du durchschläfst.

Max: Was soll ich machen?

Clara: Ist ein Gutenachtkuss nicht auch erotisch? Muss es denn bei dir immer bis zum Letzten kommen und sonst ist alle Umarmung nichts wert? Bin ich eine Violine, auf der man nach Belieben spielt? Oder eine Briefmarke, die Nacht für Nacht gestempelt wird?

Max: Einschlafen kann ich ja. Aber um fünf bin ich wieder wach.

Clara: Du hast deine Triebe nicht unter Kontrolle. Wenn du dich mit Alkohol und Nikotin ruinierst, ist das deine Sache. Mach mich aber bitte nicht zum Opfer deiner Gier.

Max: Die Lust kann man nicht zwingen. Das ist ein Naturgesetz. Ich respektiere das. Aber ich kann nichts dafür, wenn ich immer um fünf wach werde. Am Anfang dachte ich, das ist die präsenile Bettflucht.

Clara: Du musst dich anders einstellen. Wir dürfen den Sex nicht zur Gewohnheit machen.

Max: Ich hab' das nicht im Griff. Ich kann das nicht steuern. Einmal die Woche ist mir zu wenig. Du bist zu attraktiv. Nimm das doch als Kompliment.

Clara: Kompliment!? Das macht doch nur Kummer, wenn du so früh in der Wohnung herumturnst. Und außerdem bist du den ganzen Tag über verstimmt. Meinst du, ich merke das nicht? Du bist verschlossen, gehst auf Distanz. So wie eben. Ich komme in die Küche, stehe vor dir, und du sitzt einfach nur so da, guckst komisch, ja vorwurfsvoll, statt mich in den Arm zu nehmen. Ist das ein schöner Tagesbeginn?

Max: Nein.

Clara: Nein. Nein. Kannst du nicht etwas ausführlicher dazu Stellung nehmen? Du wunderst dich, dass ich soviel rede. Aber ich muss ja deinen Part mit übernehmen, du stummer Bock.

Max: Ja, was soll ich dazu sagen?

Clara: Da muss etwas geschehen. Du musst etwas unternehmen.

Max: Aber was denn?

Clara: Nimm Hilfe in Anspruch! Es ist keine Schande, zu einem Psychologen zu gehen. Tu es wenigstens für mich!

Szene 2

In der Praxis Dr. Kellermann. Max Wienacker meldet sich an der Rezeption an. Dort sitzt Sylvie Ratschläger, Kellermanns Sprechstundenhilfe.

Sylvie: Sie haben einen Termin bei Herrn Dr. Kellermann?

Max: Ja, um 15 Uhr. Ich hatte mit Ihnen telefoniert.

Sylvie: Wie ist Ihr Name?

Max: Wienacker, Max. Ich bin zum ersten Mal hier.

Sylvie: Dann brauche ich Ihre Versicherungskarte.

Max: Ich bin privat. Debeka. Ich war auf der Post. Jetzt bin ich pensioniert.

Sylvie: Na, dann haben Sie ja Zeit. Es sind noch zwei Patienten vor Ihnen dran. Anschrift und Geburtsdatum brauche ich.

Max: Römerweg 5, hier in der Stadt, zehnnulldreifünfzwei.

Sylvie: Kann nicht sein. Das beginnt immer mit viervier.

Max: Ich meinte mein Geburtsdatum. Zehnter März neunzehnhundertzweiundfünfzig.

Sylvie: Ach, so. Und Telefon?

Max: Nullzwodrei…

Sylvie: Weiß ich. Der Anschluss…

Max: Fünfeinssiebenzweidreivier. Das ist der Apparat meiner Frau. Ich darf aber auch manchmal drangehen.

Sylvie: Das ist schön. Ansonsten, Herr Wienacker, wäre ich Ihnen sehr verbunden, wenn Sie das nächste Mal kommen und Sie starren nicht so auf meinen Busen. Das haben Sie nämlich die ganze Zeit getan.

Max: Das wollte ich nicht.

Sylvie: Als Frau merkt man so etwas. Nehmen Sie jetzt bitte Platz im Wartezimmer. Der Doktor wird sie hereinrufen.

Szene 3

Lautsprecherstimme: Herr Wienacker, bitte!

Max (*vor sich hinmurmelnd*): Ich komme.

11

Kellermann: So, nehmen Sie bitte hier Platz. Machen Sie es sich bequem. Bei mir darf man die Beine übereinander schlagen. Erzählen Sie! Was bedrückt Sie?

Max (*räuspert sich*)**:** Ich habe Probleme mit dem Schlaf. Ich habe auch einen gewissen Zusammenhang herausgefunden.
Kellermann: Welchen?

Max: Na ja, sind meine Frau und ich abends sehr innig, kann ich durchschlafen. Passiert es nicht, bin ich immer um fünf hellwach. Und dann ist meine Stimmung auch tagsüber nicht die beste.

Kellermann: Sie sind also frustriert und es kommt zu Störungen in der Ehe?

Max: So kann man das sagen. Ich will aber nicht, dass meine Frau sich irgendeinem Druck ausgesetzt fühlt. Die Lust ist ja freiwillig. Redet man darüber, nimmt sie Schaden. Eigentlich bin ich nur ungern hergekommen. Aber meine Frau wollte es so.

Kellermann: Verstehe. Merkwürdig. Vor Ihnen kamen fünf Männer mit dem umgekehrten Problem. Sie durften, konnten aber nicht mehr. Wie häufig ist denn der Kontakt mit Ihrer Frau?

Max: Einmal die Woche. So im Schnitt.

Kellermann: Hmm. Wie lange sind Sie schon verheiratet?

Max: Zehn Jahre.
Kellermann: Und nach zehn Jahren ist Ihnen das zu wenig?

Max: Ja.

Kellermann: Das sieht mir nach einer Obsession aus. Ganz normal ist es nicht. Andererseits ist es hinwieder normal, wenn ein Mann genau um Ihre besagte Uhrzeit wach wird. Dann ist nämlich die Fabrik auf Hochtouren und die Lust ruft zum Vollzug. Geht's nicht, turnt man herum. Und was machen Sie dann so früh?

Max: Ich deck den Tisch, geh später zum Bäcker, Brötchen kaufen.

Kellermann: Schön. Sie verhalten sich also versöhnlich. Waren Sie denn schon einmal so richtig wütend, haben sich dem gemeinsamen Frühstück verweigert?

Max: Ich hab' schon mal frühmorgens eine halbe Flasche Grappa getrunken.

Kellermann: Und dann?

Max: Bin ich traurig geworden.

Kellermann: Wir werden um eine sorgfältige Analyse nicht herumkommen. Es scheinen mir gewisse Fixierungsanteile eine besondere Rolle zu spielen. Erzählen Sie mir etwas über Ihre Mutter. Was kommt Ihnen so in den Sinn? Lassen Sie einfach die Bilder spielen.

Max: Ich bin auf einer Wiese. Mit Blumen. Es ist warm. Ich habe den Kopf in ihren Schoß gelegt und drücke mich dagegen.

Kellermann: Und was macht Ihre Mutter?

Max: Streicht mir über die Haare. Sie spricht irgendetwas, ich weiß nicht mehr, was. Aber es ist schön. So eine Geborgenheit.

Kellermann: Ja, und das suchen Sie jetzt wieder bei Ihrer Frau, und sie kann Ihnen das nicht geben, weil sie nicht Ihre Mutter ist. Sie versuchen es aber immer wieder. Ich habe Sie noch gar nicht nach dem Alter Ihrer Frau gefragt.

Max: Fünf Jahre jünger als ich. Neunundvierzig.

Kellermann: Nun ja. Da wird für eine Frau die Zärtlichkeit ohne Vollzug bedeutungsvoller. Herr Wienacker, ich würde mir gerne auch ein genaueres Bild von Ihrer Frau machen. Ich meine das ganz wörtlich. Haben Sie ein Foto? Zufällig?

Max: Ich habe immer eins dabei.

Kellermann (*das gereichte Foto betrachtend*)**:** Ein schönes Foto, Herr Wienacker. Ich bitte Sie, es mir bis zu unserer nächsten Sitzung zu überlassen. Ich werde es auspendeln, um mehr zu erfahren. Hätten Sie etwas dagegen?

Max: Nein, aber Sie müssen es mir wiedergeben.

Kellermann: Selbstverständlich. Wie heißt Ihre Frau? Als Bestandteil der Analyse soll sie nicht anonym bleiben.

Max: Clara. Mit C.

Kellermann: Sie haben Kinder?

Max: Nein.

Kellermann: Sagen Sie, Herr Wienacker, was macht Ihre Frau beruflich? Sie hat sehr schöne, zarte Hände.

Max: Sie ist Violinistin.

Kellermann: Aha. Und Sie? Sie sind auch künstlerisch tätig?

Max: Ich habe auf der Post gearbeitet, bin jetzt pensioniert.

Kellermann: Mit 54?

Max: Rationalisierungsmaßnahme. Ich wurde nicht mehr gebraucht.

Kellermann: Und womit beschäftigen Sie sich jetzt außer mit Ihrem Problem?

Max: Mit nichts.

Kellermann: Das verschärft die Sache natürlich. Sie dürfen Ihre Frau nicht zu Ihrem Hobby machen. Das spürt sie und das führt zu einer Blockade. Aber ich werde Ihnen helfen. Was halten Sie davon, wenn Sie und Ihre Frau eine Zeit lang in getrennten Betten schlafen?

Max: Das geht nicht. Läge ich im Gästezimmer, würde ich immer an sie denken und hoffen, dass sie käme.

Kellermann: Vielleicht kommt sie ja mal.

Max: Nein, dazu schläft sie zu gut.

Kellermann: Zweifeln Sie an Ihrer eigenen Attraktivität?

Max: Ja.

Kellermann: Sie sind doch ein stattlicher Mann. Nicht zu klein, nicht zu groß, der Bauchansatz ist normal, und für Ihr Alter haben Sie noch dichtes Haar auf dem Kopf. Was halten Sie davon, wenn Sie einmal ein paar Wochen Urlaub machen? Ihre Frau wird Sie vermissen und freut sich, wenn Sie wieder da sind.

Max: Alleine? Das kann ich nicht.

Kellermann: Machen Sie denn irgendwelche Sachen gemeinsam, dass Sie zusammen aus dem Haus kommen? Kino, Weihnachtsmarkt, kulturelle Veranstaltungen?

Max: Nein.

Kellermann: Wenn Ihre Frau ein Konzert hat, gehen Sie aber hin?

Max: Nein. Es reicht mir, wenn ich sie üben höre.

Kellermann: Und irgendetwas Gemeinsames im Hause?

Max: Wir spielen abends immer Mühle.

Kellermann: Ah, ja. Wer gewinnt denn?

Max: Meine Frau. Ich lasse Sie gewinnen, damit sie gute Stimmung hat.

Kellermann: Gar nicht so ungeschickt. Aber dass außerhalb des Hauses überhaupt nichts läuft...

Max: So ganz stimmt das nicht. Aber es ist nicht kulturell. Jetzt im Herbst gehen wir öfter Pilze suchen, vor allem Maronen. Da bin ich schon drauf spezialisiert, bereite sie direkt nach dem Sammeln zu oder präpariere sie für die Tiefkühltruhe. Ich hab' im Wald aber oft andere Gedanken.

Kellermann *(seufzt)***:** Das Pilzesuchen frustriert Sie also auch. Nun gut. Wir kennen ja jetzt Ihr Problem und sprechen darüber. Fühlen Sie sich schon erleichtert?

Max: Ein wenig.

Kellermann: Sehen Sie! Und in den nächsten Sitzungen finden wir heraus, ob Sie ein Mutterproblem haben. Eine Fixierung, einen inzestuösen Wunsch. Sie verwechseln vielleicht unbewusst Ihre Frau mit Ihrer Mutter. Ja, da werden wir nachhaken. So, jetzt ist unsere Zeit aber um. Lassen Sie sich bitte einen neuen Termin von Frau Ratschläger geben. Nächste Woche dürfte gehn.

Max: Und wie soll ich mich jetzt weiter verhalten? Gleich bin ich ja wieder zu Hause.

Kellermann: Verstehe. Nun, bevor die mentale Distanz greift, verschreibe ich etwas, das den Trieb dämmt. Es ist rein pflanzlich und heißt Mönchskraut. Das holen Sie sich nebenan in der Apotheke. Ich gebe Ihnen ein Rezept mit.

Max: Mönchskraut?

Kellermann: Es beruhigt und macht gelassen. Ach ja, eins noch. Wie sieht das denn in Ihrer Ehe finanziell aus? Gibt es da Abhängigkeiten?

Max: Nein. Meine Frau verdient ihr eigenes Geld, obgleich, viel ist es nicht. Bei mir ist es besser. Ich meine nicht nur meine Pension. Ich habe vor zwanzig Jahren geerbt. Aber da weiß meine Frau nichts von.

Kellermann: So, so. Wie viel ist es denn, wenn ich fragen darf?

Max: Zwei Millionen.

Kellermann: Euro?

Max: Ja. Vor 20 Jahren waren es drei Millionen Mark.

Kellermann: Und was machen Sie damit?

Max: Nichts. Es gibt mir ein ruhiges Gefühl. Es liegt auf einem Sparkonto, bringt Zinsen und fängt die Inflation auf. *Max erhebt sich.*

Kellermann: Warten Sie, bleiben Sie! Eine merkwürdige Konstellation. Ein reicher Mann, der eine schöne, attraktive Frau hat und dennoch unglücklich ist. Da läuft doch etwas falsch. Bieten Sie Ihrer Frau etwas, machen Sie Geschenke! Dann kommt auch die Belohnung.

Max: Soll ich meine Frau bezahlen?

Kellermann: Ach, doch nicht so! Sie zeigen nur Ihre Wertschätzung und werden dafür belohnt.

Max: Wenn das so einfach wäre! Dann hätte ich nur noch Vergnügen.

Kellermann: Herr Wienacker, wie machen Sie das denn, wenn Sie Ihre Frau verführen möchten?

Max: Verführen? Wir kennen uns doch.

Kellermann: Nun ja, Einladung zu einem schönen Essen, einem Theaterabend.
Oder wenn Ihnen kleine Aktionen zu lästig sind, dann machen Sie doch wenigstens einmal etwas richtig Großes. Was würde Ihre Frau zum Beispiel von der Welt gerne sehen?

Max: Sie würde gerne einmal mit der Eisenbahn von Peking nach Lhasa fahren.

Kellermann: Ja, dann machen Sie das doch. Sie brauchen Ihr Erbe ja nicht zu verraten. Sagen Sie, Sie hätten sich das Geld abgespart, um ihr eine Freude zu bereiten.

Max: Ach, das geht schief. Dann bin ich mit meiner Lust in der Eisenbahn alleine. Was hab' ich vom Himalaya, wenn ich dauernd mit einer Erektion kämpfen muss?

Kellermann: Mit dieser Haltung kommen wir nicht weiter. Sie brauchen eine andere

Einstellung. Sowohl zu Ihrer Frau wie auch zu Ihrem Geld. Sehen Sie die Buddhafigur dort auf dem Regal? Gucken Sie genau hin! Der Mann hat nichts, ist aber glücklich, zumindest sehr zufrieden. Warum ist er zufrieden? Weil er nichts hat, an nichts haftet. Weder an einer Frau noch an Geld. Sie müssen lernen, Distanz zu gewinnen, loszulassen, nicht anzuhaften an den Dingen. Und dann fällt Ihnen das Glück automatisch in den Schoß und auch Ihre Frau. Sie sind ein schwieriger, aber nicht unlösbarer Fall, Herr Wienacker. Wir müssen am Ball bleiben. Lassen Sie sich bitte gleich für Morgen einen Termin geben. Zehn Uhr ist in Ordnung?

Max: Ab fünf bin ich ja sowieso wieder auf den Beinen.

Kellermann: Nicht so pessimistisch!

Szene 4

Im China-Restaurant, Max und Clara essen Pekingente. Im Hintergrund dezente chinesische Musik.

Clara: Danke für die Einladung. Du bist ja richtig großzügig. Gibt es einen besonderen Anlass?

Max: Nein, nur so.

Clara: Wie, einfach nur so!? Könntest du nicht wenigstens sagen, dass du Lust hattest, mit mir auszugehen? Mach mir doch ab und zu ein paar Komplimente!

Max: Du siehst heute wieder wunderbar aus. Die langen roten Haare, und es macht es Spaß, dich gehen zu sehen. Grazil wie eine Gazelle.

Clara: Gibt es nichts anderes an mir zu loben? Hast du noch nicht gemerkt, dass du nicht nur eine schöne, sondern auch eine kluge Frau hast?

Max: Doch. Aber wenn ich alle deine guten Eigenschaften aufzähle, wird die Ente kalt.

Clara: Dann sag mir wenigstens, wie's bei deinem Psychologen war. Oder möchtest du dich darüber ausschweigen?

Max: Das war doch heute die erste Sitzung. Ich habe ihm nur mein Problem geschildert.

Clara: Und was hast du ihm geschildert?

Max: Na ja, dass ich nur gut schlafe, wenn wir vorher, na ja, und so weiter.

Clara: Was genau hast du denn gesagt?

Max: Weiß ich nicht mehr. Auf jeden Fall habe ich es zurückhaltend formuliert.

Clara: Aber du musst doch noch wissen, was du gesagt hast.

Max: Nein, ich weiß es nicht mehr. Außerdem war ich aufgeregt.

Clara: Und? Was sagt er zu deinem Problem? Erzähl doch mal von dir aus und lasse dir nicht alles aus der Nase ziehen. Da komme ich mir ja komisch bei vor.

Max: Er meint, dass ich meine Einstellung ändern muss. Ich darf nicht so auf den Sex fixiert sein.

Clara: Ein kluger Mann. Du gehst noch einmal hin?

Max: Ja, direkt morgen. Zehn Uhr. Da will er auch etwas über meine Vergangenheit wissen.

Clara: Die Beziehung zu deiner Mutter?

Max: Kann sein.

Clara: Das muss er dir doch gesagt haben. Aber bitte, du musst nicht darüber reden. Ich hoffe nur, dass ich in Zukunft keinen Miesepeter mehr im Haus habe. Hast du ihm auch erzählt, dass du manchmal etwas viel Wein trinkst. Der Keller ist schon wieder leer.

Max: Nein, habe ich ihm nicht gesagt.

Clara: Solltest du ihm aber sagen. Das gehört doch zu dem ganzen Bild dazu.

Max: Möchtest du noch etwas Ente?

Clara: Lenk nicht ab, Max. Du solltest froh sein, dass sich deine Frau für deine Probleme interessiert und dir auch helfen will. Und dazu gehört nun einmal, dass man ausführlich darüber redet. Wir werden gleich zu Hause noch einen Espresso trinken und uns unterhalten.

Max: Es ist gleich schon elf.

Clara: Ohne Reden lassen sich manche Probleme nicht lösen. Wenn es ein Problem gibt, muss man darüber reden, die Lippen auseinander bringen. Wenn eine Nacht dabei draufgeht, na und! Ist es das nicht wert? Sag was! Ist es das wert?

Max: Ja, doch. Aber was hat es bisher gebracht? Nichts.

Clara: Willst du mir etwa die Schuld daran geben?

Max: Nein.

Clara: Nein, nein, still und leise leidest du vor dich hin. Dein fürsorgliches Frühstück ist vergiftet. Es ist ein Vorwurf, mit dem du sagst: Guck mal, so nett bin ich zu dir und was machst du? Wenn wir jetzt nach Hause gehen, erwartest du wohl, dass wir sofort im Bett landen. Was hast du bloß im Gehirn? Testosteron?

Max: Nein. Aber ich möchte auch nicht bis fünf durchdiskutieren.

Szene 5

Bei Dr. Kellermann zu Hause. Es ist derselbe Abend, an dem Max und Clara beim Chinesen sind. Ein großes Schachspiel ist aufgebaut, zwei Weinflaschen stehen auf dem Tisch, zwei Weingläser, ein großer Aschenbecher. Es klingelt. Berthold Borowski, der Apotheker, kommt zum wöchentlichen Schachabend.

Kellermann: Punkt acht. Man merkt, dass dein Vater Offizier war. Komm rein. Die Figuren sind schon aufgebaut. Du fängst mit Weiß an.

Borowski: Erst mal einen Cognac. War wieder bis kurz vor acht im Laden. Reformen, Papierkram, Papierkram. Die bringen einen noch um. Ich könnte den ganzen Tag Melissengeist saufen.

Kellermann: Jammer nicht. Meinst du, mir ging's besser!? Wenn nicht ab und zu ein Privater käme, würde ich unter der Brücke pennen. Der Sylvie hab' ich schon das Weihnachtsgeld gestrichen.

Borowski: Aber den Cognac hast du noch?

Kellermann: Klar. Auch dein Sizilianer steht auf dem Tisch. Ätnatraube. Vulkanisch.

Borowski: Erst mal Cognac. Nein, ganz im Ernst, ich kann die Apotheke schließen, wenn das so weitergeht. Selbst die Schweinegrippe hilft mir nicht.

Kellermann: Du hast dich bei deiner Scheidung über den Tisch ziehen lassen. Ohne den Unterhalt müsstest du eigentlich gut klarkommen.

Holt Cognacflasche, schenkt ein. Borowski trinkt in einem aus.

Deinen Königsbauer hab' ich schon mal auf e4 vorgerückt und meinen dagegen, oder kommt heute sizilianisch mit dem Pferdchen?

Borowski: Nee, da kann man so viele Fehler machen.

Stille, Zigaretten werden angezündet, Wein eingeschenkt. Figuren werden gerückt.

Sag mal, welchen Vogel hast du mir denn da heute geschickt? Mönchskraut! Wer braucht noch Mönchskraut? Und dann in dem Alter!

Kellermann: Ja, ja, ist wirklich ein komischer Vogel. Ehemaliger Postbeamter. Frühpensioniert. Steinreich und hat eine sehr attraktive Frau. Die hat er jetzt zu seinem Hobby gemacht und will täglich ran. Ihr geht das auf die Nerven und ihm verhagelt's den Schlaf. Da hab ich ihm erst einmal das Kraut verschrieben.

Borowski: Privatpatient?

Kellermann: Ja. Der kommt mir unter hundert Sitzungen nicht weg, obwohl man da nichts machen kann. Wenn die Alte nicht will, dann will sie eben nicht. Da ist nichts zu therapieren. Bescheuerte Kombination! Postbeamter und Violinistin. Die muss mal mit dem Ferrari abgeholt und verwöhnt werden.

Wenn da immer nur eine vertrocknete Briefmarke ins Bett steigt, ist das doch nur noch öde. Licht aus und schlafen. Ich kann die Frau verstehen.

Borowski: Du legst dich aber ins Zeug!

Kellermann: Na ja, guck sie dir mal an. Er hat mir ein Foto gegeben.

Steht auf, man hört eine Schublade, schließt sich wieder.

Hier! Was sagst du dazu?

Borowski: Nicht übel.

Kellermann: Nicht übel? Das ist eine ganz attraktive Frau. Ich habe einen Blick dafür. 49 ist sie, sieht aber aus wie 35. Und guck dir die Figur an! Top. Und die Lippen. Sinnlich, schön. Die Augen: intelligent, seelenvoll, lächelnd und ein bisschen verträumt. Eigentlich kein Wunder, wenn der Typ jede Nacht will.

Borowski: Wie kommst du an das Foto?

Kellermann: Hat er mir gegeben. Ich muss doch sehen, weswegen der Idiot Probleme hat.

Borowski: Idiot?

Kellermann: Ja. Abnehmen müsste man ihm alles, ihn in die Zufriedenheit des Nichts-mehr-Habens stürzen. So, mein Lieber, ich mach' jetzt die lange Rochade. Gegen deine kurze.

Szene 6

Am nächsten Morgen, Praxis Dr. Kellermann. Es ist fünf vor zehn, Max Wienacker kommt zur Rezeption

Max: Guten Morgen, Frau Ratschläger. Hier bin ich wieder. Ich habe einen Termin um zehn.

Sylvie: Wie geht es denn heute?

Max: Wenn's gut ginge, wäre ich nicht hier.

Sylvie: Da haben Sie allerdings recht. Aber der Doktor wird's schon richten. Sie dürfen mich übrigens ruhig angucken, wenn Sie mit mir sprechen. Das war nicht böse gemeint, meine Bemerkung mit dem Busen gestern. Jetzt fallen Sie genau ins Gegenteil.

Max: Tut mir leid.

Sylvie: Müde sehen Sie aus.

Max: Kann schon sein. Habe die ganze Nacht nicht geschlafen.

Sylvie: Erzählen Sie's dem Doktor. Aber ein bisschen Mitleid haben tu ich schon.

Max: Ja, das macht sie sympathisch. Sagen Sie, auch wenn es indiskret scheint, sind Sie eigentlich verheiratet?

Sylvie: Ja und ganz glücklich.

Max geht ins Wartezimmer, setzt sich, greift zu einer Illustrierten. 'Die moderne Frau'. Er flüstert leise den Titel, legt die Zeitschrift weg.

Kellermann (*Lautsprecher*)**:** Herr Wienacker bitte!

Max: Guten Morgen, Herr Doktor!

Kellermann: Sie sehen etwas vergrämt aus. Sie haben das Mönchskraut genommen?

Max: Noch nicht. Ich habe sie gestern Abend zum Chinesen eingeladen. Eigentlich wollte ich
ihr die Fahrt von Peking nach Lhasa in Aussicht stellen. Aber es kam wieder mal anders.

Kellermann: So? Was ist denn passiert?

Max: Gegen elf sind wir beim Chinesen raus, gehen Hand in Hand nach Hause, sind eigentlich recht zärtlich miteinander, machen uns zu Hause auch noch einen Espresso, und dann geht das Gerede los. Probleme, Probleme, Probleme. Man muss darüber reden. Endlos. Und dann haben wir ein Problem. Da liegt eine Nadel auf dem Tisch, sie macht einen Heuhaufen drumrum, und dann heißt es: Los! Suchen!

Kellermann: Sie meinen, Ihre Frau führt die Probleme künstlich herbei?

Max: Warum kann man nicht nach Hause kommen, kuschelt sich aneinander und hat sich dann einfach lieb. Sie tut es nicht. Sie redet, und dann graut der Morgen und ich bin nur noch frustriert. Ist das ein Leben, Herr Doktor?

Kellermann: Schwierig, schwierig! Sie müssen loslassen, sich Ihre Freiheit zurückerobern, Ihre eigene Anziehungskraft. Sie müssen loslassen, loslassen!

Max: Ich liebe sie aber.

Kellermann: Ja, ja, ich verstehe. Aber Sie sind für Ihre Frau nur dann attraktiv, wenn Sie selber losgelassen haben. Wenn Sie das Problem einfach verscheuchen. 'Drop the thought', sagt der Dalai Lama. Lass den Gedanken, der dich behelligt, einfach fallen, dann ist er weg. Mein Gott, Herr Wienacker, lassen Sie sich aufrüsten von mir!

Max: Und wie?

Kellermann: Wir kommen heute zur Lektion eins. Das Loslassen. Ich mache das zunächst ohne Hypnose, weil ich glaube, dass für den Anfang eine gute rationale Einsicht besser ist. Da aber jede Einsicht ohne eine gefühlsmäßige Basis nicht funktioniert, werden wir in der nächsten Sitzung eine Hypnose hinzuschalten. Sind Sie damit einverstanden?

Max: Einverstanden.

Kellermann: So. Sie sehen den Buddha, der dort auf dem Regal steht?

Max: Ja.

Kellermann: Gut. Holen Sie ihn, stellen Sie ihn vor sich auf den Tisch. Betrachten Sie ihn! Erforschen Sie seinen Gesichtsausdruck! Was sehen Sie? Was können Sie mir erzählen?

Max: Er sieht so unbewegt aus.

Kellermann: Ja. Aber doch mehr. Wirkt er nicht sehr zufrieden, in sich ruhend?

Max: Ja, schon. So als kümmere ihn nichts mehr auf der Welt. Ein bisschen lächelt er sogar.

Kellermann: Richtig, Sie beginnen zu begreifen. Was würde er davon halten, wenn ihm eine Frau nachts den Schlaf raubt?

Max: Er würde sich davor hüten.

Kellermann: Und wie macht er das?

Max: Er denkt einfach nicht daran. Frauen sind ihm egal.

Kellermann: Möchten Sie nicht auch zu dieser Haltung kommen?

Max: Aber was bleibt einem dann noch?

Kellermann: Was haben Sie denn jetzt? Leiden! Leiden! Sie schlafen nicht, Ihre Gedanken drehen sich immer um dasselbe Problem. Sie sind verstimmt, frustriert, Ihr Selbstbewusstsein ist im Minusbereich, und irgendwann schlägt Ihr Körper zu und Sie werden krank. Aus die Maus! Wollen Sie das?

Max: Nein!

Kellermann: Also! Trainieren Sie Ihre Gedanken, nehmen Sie Abstand, haften Sie nicht mehr an! Stehen Sie nicht nur über den Frauen, sondern auch über Ihrem dummen Geld. Spielen Sie damit, verschleudern Sie es. Denn was man auf dem Konto hat, hat man auch im Kopf und ist nicht mehr frei. Außerdem kann Ihnen ja nichts passieren. Sie sind Beamter, bekommen jeden Monat pünktlich Ihre Pension. Wieviel ist es eigentlich, wenn ich fragen darf?

Max: 1400 Euro, netto.

Kellermann: Na, sehen Sie. Da kann man doch von leben. Ihr Sparbuchgeld verschafft Ihnen nur ein schlechtes Gewissen gegenüber Ihrer Frau. Und die merkt das. Frauen sind da sehr sensibel.

Max: Soll ich es ihr einfach schenken?

Kellermann: Auf keinen Fall. Dann macht Sie Ihnen Vorwürfe, dass Sie nicht eher damit herausgerückt sind.

Max: Sie braucht eine neue Violine. Sie träumt von einer Stradivari.

Kellermann: Soviel hätten Sie als Beamter gar nicht zusammensparen können.

Max: Und was mache ich mit dem Geld?

Kellermann: Da muss Ihnen selbst etwas einfallen. Aber lassen Sie sich Zeit. Überstürzen Sie nichts. Und was die andere Geschichte betrifft, da nehmen Sie das Mönchskraut. Und wenn das die nächsten Tage nicht hilft, verschreibe ich Ihnen auch gerne etwas Stärkeres. Da geht allerdings nicht nur der Trieb von weg.

Max: Haben Sie schon das Foto ausgependelt?

Kellermann: Selbstverständlich. Sie haben eine Frau mit einer starken Ausstrahlung. Der müssen Sie ebenbürtig werden.

Kellermann zieht eine Schublade auf, schließt sie wieder.

Sie sollten es nicht immer mit sich herumtragen. Das verstärkt nur die

Abhängigkeit. Legen Sie es weg, verschließen Sie es.

Max: Verwahren Sie es doch für mich. Wenn es mir wieder besser geht, geben Sie es mir zurück.

Kellermann: Wie Sie wollen. *Er öffnet die Schublade, schließt sie wieder.*

Max: Ach ja, noch etwas. Ich habe Ihnen verschwiegen, dass ich gerne trinke.

Kellermann: Ach, das machen wir doch alle. Wahrscheinlich sind Sie ein Konflikttrinker. Aber da kümmern wir uns später drum. Morgen wieder um Zehn?

Max: Ja, das geht.

Kellermann: Und nehmen Sie das Mönchskraut, Herr Wienacker. Das ist ein Naturmittel ohne Nebenwirkungen. Da brauchen Sie keine Bedenken zu haben. Die Mönche kannten sich gut aus.

Max verlässt den Raum, Kellermann greift zum Telefon.

Hallo, Berthold! Nur kurz. Könntest du heute Abend vorbeikommen? Ich hätte da was zu besprechen.

Borowski: Ja und was?

Kellermann: Das ist nichts fürs Telefon.

Borowski: Na gut. Um acht?

Kellermann: Um acht.

Szene 7

Bei Wienackers zu Hause, es ist früher Nachmittag.

Clara: Max, wir haben keine Maronen mehr.

Max: Du willst in den Wald?

Clara: Ja, wir haben noch ein paar Stunden Zeit, bis es dunkel wird. Vielleicht finden wir sogar ein paar Steinpilze. Du bist ja nicht mehr so blind wie früher. Vor einem Jahr musste ich

dir noch die Kremplinge aus dem Korb
räumen.

Später in den Pilzen…Laubrascheln

Max: Zwei Körbe mit Maronen.
Zigarettenpause? Das Moos ist trocken. Da
können wir uns setzen.

Clara: Gute Idee.

*Sie setzen sich. Feuerzeugklicken, Schweigen und
tiefer Zigarettenzug…*

Hoffentlich habe ich mir heute keine Zecken
eingefangen. Du weißt, die Biester lieben mich.
Hier oben am Bein juckt es schon.

Max: Soll ich nachgucken?

Clara: Ja, bitte. Ich muss aber erst aufstehen.
Warte. So… Siehst du was?

Max: Nee. Da, wo du dich gekratzt hast, ist
eine leichte Rötung. Eine Zecke ist da nicht.

Clara: Macht es dir Schwierigkeiten, mich so
zu sehen?

Max: Mir fehlt im Moment die rechte Lust.

Clara: Bist du krank?
Max: Nein. Lust hätt ich schon, aber ich trau mich nicht mehr.

Clara: Habe ich dich jemals abgewiesen?

Max: Weiß ich nicht.

Clara: Wie, das weißt du nicht! Du verdrängst und verdrehst, wie du möchtest.

Max: Nein, du hast mich noch nie abgewiesen. Ich stelle mich manchmal nur etwas dumm an.

Clara: Jetzt verharmlost du wieder. Habe ich dich abgewiesen oder habe ich nicht?

Max: Hast du nicht.

Clara: Und warum tust du dann so, als wüsstest du das nicht mehr?

Max: Ich wollte nicht darüber reden. Ich will Distanz gewinnen.

Clara: Distanz gewinnen! Bin ich eine Fremde?

Max: Ich will mich nur schützen.

Clara: Muss denn bei dir jede Zärtlichkeit direkt zum Vollzug führen?

Max: Ich versuche ja, gelassener zu werden. Und auf das neue Mittel muss ich mich erst noch einstellen.

Clara: Mittel? Was für ein Mittel?

Max: Mönchskraut. Es dämpft den Trieb.

Clara: Du nimmst ein Medikament? Gegen die Lust? Denkst du auch an mich? Was ist denn, wenn ich jetzt möchte?

Max: So stark ist das Mittel nun auch wieder nicht.

Clara: Und wozu nimmst du es dann?

Max: Es hilft ein bisschen.

Clara: Du bist rücksichtslos. Ich möchte mal gerne wissen, was du dem Doktor so alles erzählst. Das muss haarsträubend sein.

Max: Nun mach doch nicht so ein Theater! Wir haben hier einen wunderschönen Platz. Kein Mensch stört uns.

Clara: Glaubst du, dass ich jetzt noch in der Stimmung bin? Du wirst nachher die Maronen zurechtmachen und einfrieren.

Szene 8

Abends bei Dr. Kellermann. Es ist acht Uhr.

Kellermann: Schön, Berthold, dass du gekommen bist.

Borowski: Du machst mich neugierig. Worum geht es denn?

Kellermann: Trink erst mal einen Cognac. Steht schon auf dem Tisch. Der Wein auch.

Borowski setzt sich, gießt reichlich Cognac ins Glas, zündet sich eine Zigarette an. Kellermann setzt sich ihm mit einem Glas Wein gegenüber.

Borowski: Dann schieß mal los mit deinem Problem! Hast doch eins oder?

Kellermann: Es geht um einen Patienten.
Borowski: Ich darf raten? Der mit dem Mönchskraut?

Kellermann: Ja, der. Es ist hoffnungslos.

Borowski: Du kannst nicht immer helfen. Du musst dir kein schlechtes Gewissen machen.

Kellermann: Das ist nicht das Problem. Ich ärgere mich über diesen Trottel. Zwei Millionen Euro hat er auf dem Sparkonto und seine Frau weiß nichts davon.

Borowski: Zwei Millionen?

Kellermann: Zwei Millionen.

Borowski: Du bist nicht nur an der Frau interessiert, sondern auch an dem Geld?

Kellermann: Wenn der nicht damit umgehen kann! Dem geb ich noch ein Jahr, dann ist der hinüber. Unnötiges Leiden.

Borowski: Das du verkürzen möchtest?

Kellermann: Es wäre eine gute Tat.

Borowski: Du wanderst in den Knast. Und außerdem würdest du von der Kohle nichts sehen. Die bekommt seine Frau, auch wenn sie jetzt noch nichts von dem Geld weiß.

Kellermann: Das lass mal meine Sorge sein. Wir teilen uns das Geld. Eine Million für dich, eine für mich. Du schließt deinen Laden und ruhst dich unter Palmen aus, und ich muss mir nicht mehr Tag für Tag überflüssige Probleme anhören.

Borowski: Ich soll dir also bei einem Verbrechen helfen.

Kellermann: Wir beenden einen Leidensweg.

Borowski: Und du möchtest jetzt wissen, ob es irgendein Gift gibt, das man nicht nachweisen kann?

Kellermann: Ja, zum Beispiel so etwas Indianisches vom Amazonas. Du kennst dich doch gut damit aus. Curare, was weiß ich. Das finden die in der Pathologie doch nicht. Oder eine kleine Dosis Digitalis. Ich brauche fachlichen Beistand.

Borowski: Nee, schlag dir das aus dem Kopf. Das gibt schwedische Gardinen statt Palmen.

Kellermann: Es muss ja nicht so plump sein. Der Wienacker hat mir erzählt, dass er jetzt im Herbst öfter mit seiner Frau Pilze sammelt. Du kennst dich doch damit aus. Dann hat er sich eben mit einem Pilz vertan.

Borowski: Und wie willst du das anstellen?

Kellermann: Wir laden ihn ein zu einem Skatabend. Uns fehlt der dritte Mann. Und ich bitte ihn, für uns ein Pilzgericht zu machen. Und in die Pfanne landet dann auch ein tödlicher.

Bowowski: Ach! Und nach dem Essen liegen drei unterm Tisch.

Kellermann: So doch nicht! Der giftige wird extra für ihn zubereitet.

Borowski: Und wie?

Kellermann: Das wird sich schon arrangieren lassen.

Borowski: Und wie erklären wir, dass es nur ihn erwischt hat?

Kellermann: Weiß ich noch nicht. Aber mir wird schon was einfallen. Mensch, Berthold, da gibt es doch Pilze, die man leicht verwechseln kann. Und so ein Fehler ist unserem lieben Herrn Wienacker halt unterlaufen. Da können wir doch nichts für.

Borowski: Und wozu brauchst du mich dabei?

Kellermann: Es ist besser, wenn ich einen Zeugen habe und nicht mit ihm allein bin.

Borowski: Das ist Mord.

Kellermann: Wir helfen. Uns, der Frau und ihm auch.

Borowski: Du bist ein Teufel!

Kellermann: Ein Wohltäter. Der Typ verschwindet im Nirwana und hat sich den ganzen Kummer mit seinem Trieb erspart.

Also, welche Pilze kennst du? Was würde sich eignen?

Borowski: *schweigt, gießt sich Cognac nach, zündet sich eine Zigarette an.*

Also, rein theoretisch. Das heißt noch lange nicht, dass ich da mitmache. Irgendwas läuft bei Verbrechen immer schief.

Kellermann: Ach was! Hast du mir nicht einmal selbst gesagt, dass Friedhöfe nachts taghell wären, wenn auf jedem Grab mit einem unentdeckten Verbrechen eine Kerze brennen würde?

Borowski: Das war eine Übertreibung.

Kellermann: Das hast du ernst gemeint. Also, welchen Pilz würdest du empfehlen?

Borowski: Den Pantherpilz zum Beispiel. Der wird leicht mit dem leckeren Perlpilz verwechselt. Er ist aber nicht unbedingt tödlich.

Kellermann: Zu großes Risiko. Weißt du noch einen anderen?

Borowski: Ja, der grüne Knollenblätterpilz, Amanita phalloides. Da reicht ein Exemplar. Wird auch 'Death Angel' genannt. Etwa zehn Stunden merkt man nichts, lange Latenzzeit. Ein teuflisches Ding. Wird leicht mit dem schmackhaften Frauen-Täubling verwechselt.

Kellermann: Die Latenzzeit gefällt mir. Da haben wir keinen Ärger mit der Leiche. Geh in den Wald und such einen. Einen höheren Stundenlohn bekommst du nicht mehr.

Borowski: So leicht findet man den nicht.

Kellermann: Die frische Luft wird dir guttun.

Szene 9

Halb zehn morgens, Praxis Dr. Kellermann. Es klopft.

Kellermann: Ja, bitte!

Tür öffnet sich.

Berthold!

Borowski: Hatte eine schlaflose Nacht. Wie willst du das denn anstellen, dass es wirklich sicher ist?

Kellermann: Ganz einfach. Erstens gibt es keinen festen Tatort. Der isst den Pilz, das dauert dann zehn Stunden, es passiert also bei ihm zu
Hause. Der eigentliche Tatort ist der Wald, wo er den Pilz in die Tüte oder in den Korb gesteckt hat. Was können wir dafür? Nichts. So, wie verhält sich seine Frau? Wenn das rauskommt mit der Pilzvergiftung, ist sie erst einmal erschrocken, überlegt, ob sie vielleicht selber den Pilz gesammelt hat. Sie hat ein schlechtes Gewissen. Zugleich ist sie erleichtert, nicht mitgegessen zu haben und denkt an die Rente, die ihr als Witwe zusteht. So, und die Polizei, die wird vielleicht nachforschen, wo der die Pilze gegessen hat. Bei mir. Aber er hat sie selber mitgebracht. Wir haben nur wenig gegessen, du vielleicht gar nichts, weil du kein Pilzfreund bist, und ihn hat es halt erwischt. Den Rest des Essens kippe ich in die Toilette, die Teller und die Pfannen kommen in die Spülmaschine. Da wird nichts

zu finden sein. Es tut uns alles schrecklich leid, aber wir können nichts dafür, dass es dieses Unglück gegeben hat. Schuld ist Wienacker selbst oder aber seine Frau.

Borowski: Und wie kommt der Pilz auf seinen Teller?

Kellermann: Ganz einfach. Wienacker bereitet in der Pfanne die Pilze zu, die er mitgebracht hat. Ich berufe mich auf mein Recht als Gastgeber, servieren zu dürfen. Er geht an den Tisch, trinkt
schon einmal etwas Wein und dann komme ich mit den Tellern.

Borowski: Verwechsel die bloß nicht!

Kellermann: Ich bin doch nicht blöd.

Borowski: Und wie kommst du an das Geld?

Kellermann: Das lass mal meine Sorge sein. Wenn das alles gelaufen ist, hauen wir beide ab, und zwar dorthin, wo die Männer älter werden als die Frauen.

Borowski: Hast du kein Gewissen?

Kellermann: Gewissen! Entweder es geht uns gut oder schlecht. Die Natur ist grausam. Wienacker hat nicht verdient, was er hat, und ich veranlasse ihn, es in bessere Hände zu legen. Das ist alles.

Borowski: Du bist ein Zyniker!

Kellermann: Und du ein Tölpel, wenn du dir diese Chance entgehen lässt. Du musst jetzt los. Mein Patient kommt gleich.

Borowski verlässt den Raum.
Szene 10

Max Wienacker betritt die Praxis, geht zur Rezeption.

Max: Guten Morgen, Frau Ratschläger. Ich bin um zehn wieder dran.

Sylvie: Mein Gott, was sehen Sie müde aus!

Max: Die ganze Nacht diskutiert. Sagen Sie, machen Sie das mit Ihrem Mann auch so?

Sylvie: Ich bin doch nicht verrückt.

Max: Ihr Mann ist ein Glückspilz. Ich dagegen...

Sylvie: Besprechen Sie das mit dem Doktor. Gehen Sie ruhig durch. Sie brauchen nicht zu warten.

Max geht am Wartezimmer vorbei direkt zum Behandlungsraum, klopft an.

Kellermann: Kommen Sie rein und bringen Sie gute Laune mit! Na, nach guter Laune sieht das aber nicht aus.

Max: Die Nacht durchdiskutiert.

Kellermann: Muss Ihre Frau nicht arbeiten?

Max: Im Moment nicht. Spielpause.

Kellermann: Na setzen Sie sich erst einmal. Worüber haben Sie denn diskutiert?

Max: Über mein Verhalten. Wir haben gestern Maronen gesucht, waren allein im Wald, Clara sah wieder sehr verführerisch aus, ich habe mich aber nicht getraut.

Kellermann: Sie zeigt Verständnis dafür?

Max: Wir haben die ganze Nacht darüber diskutiert.

Kellermann: Interessant. Haben Sie denn wenigstens Pilze gefunden?

Max: Ja, zwei Körbe voll Maronen.

Kellermann: Und dann gab es am Abend erst einmal ein leckeres Pilzgericht?

Max: Nein. Sie hatte keine Lust mehr. Ich hab die Maronen gereinigt, die Stellen weg geschnitten mit den Maden, die Pilze dann in Frischhaltebeutel gepackt und in die Kühltruhe gelegt.

Kellermann: Ja, ja, ich sehe. Wir müssen etwas tun. So geht das nicht weiter. Sie ruinieren sich, Herr Wienacker. Sie müssen unbedingt Abstand gewinnen und loslassen können. Hat das Mönchskraut denn geholfen?

Max: Nein, ich habe nichts gemerkt.

Kellermann: Na gut. Dann fahren wir heute andere Geschütze auf. Hier gilt aber eine exklusive Bedingung: Sie erzählen nichts Ihrer Frau. Die Geheimhaltung müssen Sie beachten, sonst scheitert die Therapie. Also, ich werde Sie heute in eine leichte Hypnose versetzen und dann schauen wir einmal in die Abhängigkeit hinein, warum die so stark ist. Denn das ist genau der Punkt, an dem wir arbeiten müssen. Sie sind doch ein freier Mensch, der Spaß am Leben haben will, nicht wahr?

Max: Sicher. So kann es nicht mehr weitergehn.

Kellermann: Also, Sie legen sich jetzt ganz entspannt auf die Couch, beobachten das Pendel, das ich über Ihnen schwinge und befolgen dann einfach meine Anweisungen. Wir lassen im Hintergrund etwas Musik laufen. Das ist Pygmäenmusik aus dem Urwald. Der Rhythmus wird Sie ganz entspannt sein lassen. Sie werden die Augen schließen, in die Tiefe Ihrer Seele tauchen, ganz tief, frei werden, loslassen. Einverstanden?

Max: Einverstanden.

Kellermann: So, dann haben wir schon einmal die Einstellung zur Sache geklärt. Und jetzt legen Sie sich bitte hin!

Max Wienacker legt sich auf die Couch.
Kellermann ist mit einem Pendel über ihm, lässt es über den Augen von Max kreisen.

Denken Sie einfach an nichts oder an das, was Sie gerade wollen. Sie müssen es mir nicht sagen. Sie spüren nur, wie eine wohlige Wärme Ihren Körper durchströmt. Sie werden müde, sind aber bei klarem Verstand. Ein grüner Urwald umhüllt Sie. Die Gedanken gehen spazieren und Sie lassen das einfach zu. Schließen Sie die Augen. Hören Sie auf die Musik! Sie sind ganz entspannt, ganz entspannt.

Kellermann beginnt zu flüstern.
Sie wollen Ihre Frau spüren. Das ist gut, das ist natürlich. Das tut gut. Darin sind Sie ganz normal und es ist nicht der leiseste Vorwurf zu machen. Aber Sie müssen gelassener werden, stärker. Freier. Ihr Geld belastet Sie. Sie haben ein schlechtes Gewissen, weil Sie Ihrer Frau

nichts davon erzählt haben und Sie haben auch ein schlechtes Gewissen, weil das Geld so vergeblich ruht. Was für schöne und sinnvolle Sachen könnten Sie damit doch machen! Ich sage Ihnen, gründen Sie einen Verein 'Männer in Not e.V.', seien Sie wohltätig und helfen Sie Ihren Leidensgenossen. Das ist der Dank dafür, dass Ihnen selber geholfen wurde. Ihr Vermögen gehört dem Verein. Sie sind der erste Vorsitzende, und ich helfe Ihnen und bin der zweite. Tun Sie Gutes mit Ihrem Geld, für sich und andere. Der erste Schritt zur Tat ist, dass Sie ein Konto einrichten mit einer Vollmacht für sich und den zweiten Vorsitzenden und dass Sie das Geld überweisen. Werden Sie frei und froh. Und attraktiv. Sie werden sich morgen an dieses Vorhaben erinnern und mir davon berichten. Jetzt tauchen Sie langsam wieder auf, werden wach und öffnen die Augen. Alles ist gut.

Max Wienacker öffnet die Augen und sieht um sich.

Max: Ist meine Frau hier?

Kellermann: Nein, Sie sind alleine.

Max: Habe ich Ihnen etwas erzählt?

Kellermann: Ja. Sie wollen freier werden, die Dinge loslassen und etwas Gutes tun. Das haben Sie sich vorgenommen und so tritt es auch ein. So sind die Gesetze des Lebens. Und Morgen kommen Sie einfach um zehn wieder. Einverstanden?

Max: Ich fühle mich wie neugeboren.

Kellermann: Das sind Sie auch.

Max erhebt sich von der Couch, schüttelt Dr. Kellermann die Hand, geht. An der Rezeptionstheke bleibt er stehen.

Max: Das ist doch ein Schatz, Ihr Doktor! Mir geht es auf einmal viel besser.

Sylvie: Sie wirken auch ganz entspannt. Lassen Sie sich zu Hause bloß nicht ärgern. Nebenan ist ein Blumenladen. Kaufen Sie ein paar Rosen für Ihre Frau. Das hilft. Sie kommen morgen wieder?

Max: Ja, um zehn.

Szene 11

Praxis Dr. Kellermann. Es ist zehn Uhr. Dieses Mal kommt keine Stimme aus dem Lautsprecher, Kellermann geht persönlich ins Wartezimmer, holt Max.

Kellermann: Nun, wie sieht's aus, Herr Wienacker?

Max: Na ja, habe mir die ganze Nacht Gedanken gemacht. Wegen des Geldes. Es ist nicht gut, wenn das so einfach auf einem Sparkonto liegt und nichts passiert.

Kellermann: Na, kommen Sie erst einmal ins Sprechzimmer.

Sie gehen beide ins Sprechzimmer.

So, was für Gedanken haben Sie sich denn gemacht?

Max: Ich muss etwas mit dem Geld machen. Es hat keinen Sinn, wenn es nur herumliegt. Mir ist Folgendes eingefallen: Ich bin bestimmt nicht der einzige Mann, der leidet. Aber ich bin einer der wenigen, dem geholfen wird. Und dafür möchte ich dankbar sein.

Außerdem stärkt es mein Selbstbewusstsein, wenn ich etwas Gutes tue. Also, ich möchte einen Verein gründen, der soll heißen 'Männer in Not e.V.'. Mein Vermögen fließt in den Verein. Ich selbst bin der erste Vorsitzende und Sie würde ich bitten, mir zu helfen. Sie könnten der zweite Vorsitzende sein. Natürlich bezahle ich Sie für Vorträge, Seminare, Lebenshilfe, die Sie anderen Männern zugute kommen lassen. Das muss man alles noch genau überlegen und ausarbeiten. Aber in diese Richtung gehen meine Gedanken. Was halten Sie davon?

Kellermann: Nicht schlecht. Es wird Ihre Selbstachtung steigern. Sie sind auf einem guten Weg. Ob ich allerdings den zweiten Vorsitzenden machen kann, will ich mir noch überlegen. Andererseits, warum eigentlich nicht. Es ist eine gute Sache und für gute Sachen muss man etwas tun. Ich denke, ich bin einverstanden. Mit der Bezahlung, da werden wir uns schon einig werden. Wichtig ist zunächst einmal, dass der Verein gegründet wird und auch über Kapital verfügt. Aber das haben Sie ja. Von daher geht die Sache in Ordnung. Ja, doch, ich fühle mich in

meinem Vertrauen Ihnen gegenüber bestätigt.
Ich gratuliere Ihnen zu Ihrem Entschluss.
Wenn Sie wollen, können wir den Stier noch
diese Woche bei den Hörnern packen und alles
regeln. Aber Sie dürfen nichts davon Ihrer
Frau erzählen. Gutes kann nur wirken, wenn
es geheim bleibt.

Max: Ich behalte alles für mich.

Kellermann: So soll es sein.

Max: Und was machen wir heute?

Kellermann: Ich versetze Sie noch einmal in
Hypnose und Sie erzählen mir etwas über Ihre
Mutter.

Max: Brauchen Sie auch ein Bild von ihr?

Kellermann: Nein, das ist nicht nötig. So, jetzt
legen Sie sich bitte wieder auf die Couch,
lauschen unserer schönen Urwaldmusik. Seien
Sie ganz entspannt und freuen Sie sich. Und
wenn Sie einschlafen sollten, achten Sie bitte
auf Ihren Traum und erzählen Sie ihn mir
später.

Kellermann wiederholt seinen Sing-Sang vom gestrigen Tag. Max schläft ein, schnarcht sogar. Kellermann vor sich hin murmelnd:

Gut. Machen wir eine Pause. Sylvie soll einen Kaffee kochen.

Schritte durch die Praxis. Kellermann steht an der Rezeption.

Wie wär's mit einem Kaffee, Sylvie?

Sylvie: Und der Herr Wienacker?

Kellermann: Schläft. Der hat viel nachzuholen.

Sylvie: Tut ihm gut, dem Armen!

Kellermann: So arm ist der gar nicht.

Sylvie: Schwarz?

Kellermann: Ja. Sagen Sie, wie läuft bei Ihnen eigentlich so das Eheleben?

Sylvie: Super.

Kellermann: Schön. Dann müssen wir auch nicht darüber reden. Sie sind ein Schatz.

Sylvie: Danke, Herr Doktor.

Kellermann: Na, ist doch wahr. Man kann doch einfach mal nur Kaffee trinken, ohne rumquatschen zu müssen. Wahrscheinlich war ich in einem früheren Leben Zisterzienser.

Sylvie: Was ist das?

Kellermann: Das sind Mönche, die die Stille genießen.

Kellermann schlürft Kaffee, geht wieder zurück zu Wienacker.

Herr Wienacker, steigen Sie hoch aus Traumes Tiefen. Wie ein Taucher. Perlen umgeben Sie. Das Licht wird stärker.

Vor sich hin murmelnd:

Eigentlich müsste ich an ihm rütteln.

Aha, er kommt.

Max: Ah, das war gut. Was habe ich Ihnen erzählt?

Kellermann: Dass Sie sich auf die Zukunft freuen. Morgen kommen Sie bitte wieder um zehn. Dann setzen wir Ihr Vorhaben um. Ich werde mir ein paar Stunden frei nehmen. Bringen Sie bitte alle Papiere mit. Ausweis, Sparbuch. Die vollendete Tat ist die Basis der Therapie.

Szene 12

Am nächsten Morgen, bei Wienackers zu Hause

Clara: Warum gehst du denn jetzt mit einer Tasche weg? Was ist da drin?

Max: Familienfotos. Die will er sehen.

Clara: Du hast doch gar keine Fotos von deiner Familie.

Max: Doch. Ein paar hab' ich noch gefunden.

Clara: Lüg mich nicht an. Was ist da drin?

Max: Nun ja, ich hab' etwas aufgeschrieben über meine Probleme. Er meinte genau wie du, dass das Schreiben hilft.

Clara: Darf ich das sehn?

Max: Später.

Clara: Seit Jahren bitte ich dich, deine Probleme aufzuschreiben und du tust es nicht. Und jetzt auf einmal? Wann hast du das denn geschrieben?

Max: Letzte Nacht.

Clara: Warst du wieder um fünf wach?

Max: Nein, um vier.

Clara: Du hättest mich wecken sollen. Dann hätten wir über dein Problem geredet.

Max: Das ist nicht mit Reden zu lösen.

Clara: So aber auch nicht. Außer 'Guten Morgen' hast du kein einziges Wort beim Frühstück gesagt.

Max: Ich habe dir zugehört.

Clara: So? Was habe ich denn gesagt?

Max: Du hast vom Neandertaler geredet. Von der früheren Verteilung der Rollen.
Clara: Und was weißt du noch davon?

Max: Ich muss jetzt gehen. Sonst komme ich zu spät.

Clara: Du entziehst dich wieder. Wenn du zurückkommst, gehe bitte bei 'Plus' vorbei. Wir haben keine Butter mehr.

Szene 13

Sonntagabend bei Kellermann. Es klingelt. Borowski kommt.

Kellermann: Na, wo bist du gewesen?

Borowski: Im Sauerland, bei Brilon. Da gibt es die schönsten Wälder.

Kellermann: Und?

Borowski: Hab dir was mitgebracht. Amanita phalloides. Ein Prachtexemplar. 60 Gramm. Das reicht.

Borowski zieht den Pilz aus einer Plastiktüte, zeigt ihn Kellermann.

Kellermann: Sehr schön. *Er schnuppert* Riecht süßlich. Und wie schmeckt er?

Borowski: Weiß ich doch nicht!

Kellermann: Na gut. Er wird schon nichts merken. Da kommt Chili in die Pfanne. So, du schenkst mir den Pilz einfach und hast weiter nichts damit zu tun. Das Finanzielle ist übrigens geregelt. Wienacker und ich haben ein gemeinsames Konto eingerichtet und werden einen Verein gründen, 'Männer in Not e.V.'. Sein Sparkonto hat er aufgelöst und das gesamte Geld überwiesen.

Borowski: Da brauchst du den Pilz doch gar nicht mehr.

Kellermann: Sicher ist sicher. Wenn ich jetzt das Geld abhebe, wird er Ärger machen.

Borowski: Wie hast du das denn angestellt?

Kellermann: Pygmäenmusik und Hypnose. Das mit dem Verein hält er für seine Idee.

Borowski: Und wozu soll der Verein gut sein?

Kellermann: Er will ein Männerhaus bauen.

Borowski: Eins reicht nicht.

Kellermann: Übertreib nicht. Den meisten Männern geht's ohne Weib schlechter als mit.

Borowski: In seinem Fall aber hältst du den Knollenblätterpilz für eine Alternative?

Kellermann: Ja.

Borowski: Wenn das mal gut geht.

Kellermann: Das geht gut. Du isst keine Pilze, weil du Wein trinkst. Pilze und Alkohol vertragen sich manchmal nicht. Und ich esse nur wenig.

Borowski: Die Frau wird doch das Geld haben wollen.

Kellermann: Die weiß nichts davon. Die ganzen Unterlagen liegen bei mir in der Praxis. Da gibt es keine Spur.

Borowski: Und wann läuft dein seltsamer Skatabend?

Kellermann: Vielleicht schon morgen. Wienacker kommt um zehn in die Praxis und dann werde ich ihn einladen. Halt dir den Abend auf alle Fälle frei.

Szene 14

Montagmorgen, Praxis Dr. Kellermann

Kellermann: Na, Herr Wienacker, wie fühlen Sie sich jetzt?

Max: Besser. Ich muss nicht mehr ununterbrochen an meine Frau denken, sondern mache mir Gedanken, wie man anderen Männern helfen kann.

Kellermann: Das ist gut. Sie sehen heute auch gar nicht so müde aus. Wie kommt's?

Max: Ich freue mich über meinen Entschluss, fühle mich befreit. Und außerdem… heute morgen war sie endlich mal wieder zärtlich zu mir.

Kellermann: Schön. Sehen Sie, es wirkt. Ich habe da noch etwas, was Ihnen Freude machen wird. Da wir künftig ja enger zusammen arbeiten, wäre es mir eine Ehre, Sie zu mir einladen zu dürfen. Spielen Sie Skat?

Max: Natürlich. Ich war bei der Post. Da gab's viele Pausen.

Kellermann: Großartig! Uns ist für heute Abend leider der dritte Mann abhanden gekommen. Wenn Sie einspringen könnten, und vorher gibt es auch noch ein wunderbares Essen, wäre ich Ihnen sehr dankbar. Herr Borowski, der Apotheker von nebenan, kommt auch. Herrenabend, ganz ohne Frauen und mit viel Spaß. Geht das heute Abend?

Max: Ja. Meine Frau guckt montags immer 'Wer wird Millionär'.

Kellermann: Wunderbar. Sie werden sehen, das Leben ist auch ohne Frauen schön. Und Männer können auch kochen. Was halten Sie davon, wenn Sie uns etwas von Ihrem Maronenvorrat mitbringen und das nach Ihrer Art zubereiten.
Das wäre doch etwas ganz Besonderes. Ich mache Kartoffeln dazu, brate Speckwürfel. Dann haben wir ein leckeres Ragout.

Max: Gerne. Ich bringe die Pilze von unserem letzten Ausflug mit. Das sind Maronen, Braunkappen, und wir haben auch noch ein paar Tüten mit gefrorenen Steinpilzen.

Kellermann: Ausgezeichnet. Wie bereiten Sie die Pilze eigentlich zu?

Max: Mit Olivenöl, Salz, Pfeffer und einem Schuss Sahne. Das ist alles. Und wenn's besonders scharf sein soll, kommen noch ein paar Chilischoten hinzu. Am Anfang haben wir übrigens noch Zwiebeln reingetan. Die sollen nämlich blau werden, falls ein Giftpilz dabei ist. Aber das ist Aberglauben. Die Zwiebeln lassen wir jetzt weg. Sie stören nur den Geschmack.

Kellermann: Gut. Wenn Sie um sieben kommen, sitzen wir um halb neun schon beim Skat. Wie lange haben Sie Ausgang?

Max: Unbegrenzt.

Kellermann: So gefallen Sie mir. Aber bedenken Sie, Herr Borowski muss früh in die Apotheke
und ich in die Praxis. Wir schließen die Runde gegen Mitternacht. Welchen Wein bevorzugen Sie?

Max: Rotwein. Italienischen, französischen. Die Hauptsache trocken.

Kellermann: Auch dafür ist gesorgt. Sagen Sie, weiß Ihre Frau etwas von unserem Verein? Haben Sie etwas erzählt?

Max: Nein. Da halte ich mich strikt an Ihren Rat. Kein Sterbenswörtchen. Was machen wir denn heute?

Kellermann: Eine kleine Entspannung. Sie berichten anschließend, was Sie geträumt haben.

*Max legt sich auf die Couch, schließt jetzt schon zu
Anfang die Augen, lauscht der Pygmäenmusik im
Hintergrund, fällt in Trance und schläft.
Kellermann redet mit flüsternder Stimme auf ihn
ein.*

Niemals werde ich verraten, dass ich einen
Verein gegründet habe. Auch in der größten
Not nicht. Es ist ein Geheimnis, das ich immer
für mich behalten werde. Meiner Frau
gegenüber werde ich auch nicht die leiseste
Andeutung
machen. Ich bin verschwiegen wie ein
Indianer, verschwiegen wie ein tiefer, tiefer
Brunnen, ganz tief.

Max beginnt zu schnarchen. Kellermann geht, ruft:

Sylvie, Kaffee bitte!

Szene 15

Bei Wienackers zu Hause

Clara: Wie, der lädt dich ein?! Ihr kennt euch
doch kaum und du bist doch sein Patient.

75

Max: Ja, schon. Aber da fehlt der dritte Mann zum Skat, und ich darf einspringen. Ich habe lange nicht mehr gespielt und freue mich darauf. Und außerdem kochen wir. Du kannst mir ja den Jauch auf Band aufzeichnen.

Clara: Verpasst ist verpasst. Du kannst nicht zwei Vergnügen haben. Was kocht ihr denn?

Max: Ich bring einen Beutel Maronen mit oder auch zwei. Und wenn du nichts dagegen hast auch noch ein paar Steinpilze.

Clara: Maronen meinetwegen, aber nicht die Steinpilze. Das ist etwas ganz Besonderes. Die sollen nicht verfüttert werden.

Max: Das sind zwei Akademiker. Die können genießen und wissen, was gut ist.

Clara: Wer ist denn noch dabei?

Max: Der Apotheker von nebenan. Ich meine neben der Praxis. Borowski heißt er.

Clara: Etwa der, der dir das Mönchskraut gegeben hat?

Max: Ja, der.

Clara: Da würde ich ja gerne dabei sein, wenn ihr über Frauen redet.

Max: Frauen sind gar kein Thema. Da wird der Dr. Kellermann feinfühlig genug sein.

Clara: Feinfühlig? Feinfühlige Männer sind so selten wie weiße Elefanten.
Max: Dann ist er eben einer.

Clara: Hat er auch gemerkt, wie gut gelaunt du heute Morgen warst?

Max: Hat er.

Clara: Und?

Max: Er hat sich gefreut und mir gewünscht, es möge mir jeden Morgen so gehen.

Clara: Das nennst du feinfühlig? Das ist doch eine blöde Andeutung.

Max: Soll er mir etwa wünschen, dass es mir morgens schlecht geht?

Clara: Du kennst den Zusammenhang. Stell dich jetzt nicht dümmer als du bist.

Max: Gegen Glück am Morgen ist doch nichts zu sagen.

Clara: Natürlich nicht, es sei denn, es soll durch permanentes Vögeln erreicht werden. Das spukt dir doch im Kopf herum. Ich mag keinen Pascha und wenn, dann bitte einen richtigen.

Max: Was soll das denn heißen?

Clara: Einen richtigen eben. Der mir sagt: "Komm, wir fliegen jetzt nach Peking, und dann geht's mit dem Zug nach Lhasa. Ich bezahl das alles."

Max: Ich genüge dir in dieser Hinsicht wohl nicht.

Clara: Wir werden darüber reden, wenn du zurückkommst.

Max: Es wird spät werden.

Clara: Ein Gespräch wiegt eine schlaflose Nacht auf. Und halt dich mit dem Wein zurück. Am besten gar keinen wegen der Maronen.

Max: So schlimm ist das nicht.

Clara: Bitte! Aber kotz mir bloß nicht das Bett voll!

Szene 16

Bei Dr. Kellermann zu Hause. Er hat, seinem Gast zu Ehren, eine Scheibe mit Pygmäenmusik aufgelegt. Es klingelt, Dr. Kellermann stellt die Musik leise, öffnet die Tür.

Kellermann: Da sind also die Maronen. Geputzt, zerkleinert, tiefgefroren.

Max: Schon aufgetaut. Ich bereite sie jetzt direkt zu.

Kellermann: Herrschen Sie über meine Küche. Kartoffeln sind im Topf. Die Pfanne steht auch schon bereit. Die Speckwürfel brate ich dann zum Schluss noch an. Sie werden mit dem Herd ja zurechtkommen. Wenn nicht, fragen Sie. Ich bereite schon mal unser Weinfestival vor. Auch einen Cognac vorher? Welcher Koch trinkt nicht, wenn er ein glanzvolles Menue zubereitet!?

Max: Ja, gerne. Einen guten Cognac hatte ich schon lange nicht mehr.

Kellermann verschwindet, man hört, wie er einschenkt, er kommt wieder in die Küche.

Kellermann: So, das ist ein edler Tropfen.

Max (*lacht*)**:** Ja, Prost. Und auf eine gute Zusammenarbeit.

Es klingelt. Kellermann geht zur Tür, öffnet.

Kellermann: Berthold. Bist ein bisschen früh, aber das macht nichts. Unser Koch hat gerade erst angefangen. Komm, ich stell euch mal vor. Gesehen habt ihr euch ja schon. Cognac?

Borowski (*finster*)**:** Ja, den brauch ich.

Kellermann schenkt ein, geht mit Borowski in die Küche.

Kellermann: So, Herr Wienacker, jetzt sind wir zu dritt. Das ist Herr Borowski. Ihm gehört die Apotheke neben der Praxis.

Borowski (*steif*): Angenehm. *Er trinkt den Cognac in einem Zug.* So, ich entfern mich mal wieder, um die Kochkunst nicht zu stören.

Kellermann: Ich komme mit. Probieren wir schon einmal den Wein. Sie auch ein Glas, Herr Wienacker?

Max: Später. Wenn ich hier fertig bin.

Borowski (*leise*): Und? Du ziehst es tatsächlich durch?

Kellermann: Klar. Was meinst du, mit was für einem Gesicht der hier ankam. Hatte wieder Ärger mit seiner Alten. Für den gibt's doch keinen frohen Tag mehr. Der Pilz wird ihm gut tun.

Eine Weile später…

Max: Die Pilze sind fertig, die Kartoffeln auch.

Kellermann: Na, wunderbar! Jetzt haben Sie aber genug für uns gearbeitet. Setzen Sie sich zu Herrn Borowski und probieren Sie den Wein. Ich brate jetzt den Speck und werde in ein paar Minuten servieren.

Max geht ins Wohnzimmer, Kellermann hantiert in der Küche, man hört ihn murmeln…

Rechter Teller, rechter Teller, rechte Hand, rechte Hand, dass ich das nur nicht verwechsle! Links Borowski, rechts Wienacker. Rechte Hand, rechte Hand. Amanita phalloides.

Sooo… eine Portion für Herrn Wienacker, eine Portion für dich. Sieht doch gut aus und duftet verführerisch. So, jetzt meinen Teller noch und dann können wir schlemmen.

Er verschwindet wieder in der Küche, kommt mit einem Teller zurück, stellt ihn ab, setzt sich.

Auf unser Wohl und möge uns das kommende Leben Spaß bereiten. Prost, Amici!

Hmm, köstlich. Maronen sind doch etwas Feines.

Borowski: Maronen? Da sollte man doch keinen Alkohol zu trinken.

Kellermann: Ach, was! Zu einem guten Pilz gehört ein guter Wein. Stimmt's, Herr Wienacker?

Max: Sicher, obwohl, das mit den Maronen stimmt. Meine Frau sagt das auch immer. Aber ich habe trotzdem Wein dazu getrunken, passiert ist nichts.

Kellermann (*lacht*): Siehst du, Berthold! Übertriebene Sorge.

Borowski: Nein, nein, da bin ich lieber vorsichtig. Ich halte mich an die Kartoffeln. Auf den Wein verzichten möchte ich nicht. Tut mir leid, Herr Wienacker. Da haben Sie sich so viel Mühe gemacht. Aber ich bin ein gebranntes Kind. Ich habe das einmal mit Tintlingen erlebt. Bier dazu getrunken. Eine Woche war ich krank.

Max: Verstehe. Ist ja nicht schlimm. Ich würde mich auch für den Wein entscheiden.

Sie essen, man hört das Kratzen der Gabeln.

Kellermann: Vorzüglich. Aber ich muss mich leider jetzt auch zurückhalten. Mir ist etwas seltsam. Wein und Maronen. Die einen vertragen's, die andern nicht. Aber es hat wunderbar geschmeckt. Herr Wienacker, langen Sie zu! Sie haben freie Fahrt.

Max: Seltsam, mir macht der Alkohol nichts. Bringen Sie mir bitte noch eine Portion, Herr Dr. Kellermann.

Szene 17

In der Praxis Dr. Kellermann. Es ist Mittwochmorgen, viertel nach zehn.

Kellermann: Sylvie?

Sylvie: Jaa?

Kellermann: Sag mal, müsste jetzt nicht der Herr Wienacker hier sein? Der hat doch heute um zehn einen Termin. Es ist doch Mittwoch oder vertu ich mich?

Sylvie: Ist schon richtig. Es ist viertel nach zehn und Mittwoch. Er ist nicht gekommen.

Kellermann: Seltsam. Schien mir doch sehr zuverlässig. Nun ja, wird schon anrufen und einen neuen Termin vereinbaren. Setzen Sie ihn dann bitte auf Freitag, wenn er kann. Dieselbe Zeit.

Sylvie: Geht in Ordnung.

Es klopft.

Kellermann: Herein! Ach, Berthold!

Borowski (*leise*): Und?

Kellermann: Ist heute nicht gekommen. Ich kann mich jetzt schlecht nach ihm erkundigen. Das würde auffallen.

Borowski: War die Polizei bei dir?

Kellermann: Nein, warum auch. Wenn dem was passiert ist, dann doch zu Hause.

Borowski: Du hast den ganzen Pilz genommen?

Kellermann: Klar.

Borowski: Das war tödlich.

Kellermann: Wir werden sehn. Ich ruf am Freitag an, wenn er den nächsten Termin versäumt hat. Jetzt ist das einfach noch zu früh. Du musst dich gedulden. Und beruhige dich wegen der Polizei. Da ist doch seine Frau in größeren Schwierigkeiten.

Borowski (*atmet tief durch*)**:** Na gut. Hoffentlich läuft da nichts schief.

Kellermann (*ungehalten*)**:** Was denn? Wir können nichts dafür, wenn der einen Knollenblätterpilz
bei seinen Maronen hatte. Du hast ja gesehen, wie der sich den Bauch vollgeschlagen hat. Du hast nichts gegessen, ich nur ganz wenig. Die Tüten aus der Tiefkühltruhe sind schon lange auf der Müllkippe, Teller und Pfannen

zweimal durch die Spülmaschine gelaufen, und deine Tüte mit dem Knollenblätterpilz ist schon lange weg. Es gibt keine einzige Spur.

Borowski: Ich halte das kaum noch aus.

Kellermann: Geh zurück in deine Apotheke. Es ist ein ganz normaler Tag.

Szene 18

Es ist Freitagmorgen, zehn Uhr. Praxis Dr. Kellermann.

Kellermann: Sylvie?

Sylvie: Jaa?

Kellermann: Heut' ist doch Freitag. Oder nicht?

Sylvie: Ja.

Kellermann: Hat sich der Herr Wienacker gemeldet?

Sylvie: Nein. Er hat nicht angerufen.

Kellermann (*steht auf, geht zur Rezeption*): Merkwürdig. Er machte nicht den Eindruck, als wollte er die Behandlung abbrechen. Er könnte doch wenigstens anrufen. Klären Sie das doch bitte. Rufen Sie bei ihm an. Die Telefonnummer haben Sie?

Sylvie: Ja, natürlich.

Kellermann: Gut. Sagen Sie mir dann Bescheid.

Er geht zurück in sein Sprechzimmer, schließt die Tür. Nach einer kurzen Weile klopft es. Sylvie kommt herein.

Und? Sie haben ihn erreicht? Was ist los, Sylvie? Warum so blass?

Sylvie: Der Herr Wienacker ist tot

Kellermann: Tot?

Sylvie: Ja, am Mittwoch. Im Krankenhaus. Intensivstation. Er lag im Koma.

Kellermann: Und? Was ist passiert?

Sylvie: Pilzvergiftung. Herz und Leber haben versagt.

Kellermann: Ach, du meine Güte. Sie haben mit seiner Frau gesprochen?

Sylvie: Ja, aber nur kurz. Sie war sehr aufgeregt.

Kellermann: Verständlich. Ich werde später einmal mit ihr sprechen, nach der Beerdigung. Oder warten Sie! Rufen Sie doch bitte noch einmal an und fragen Sie, wann und wo Herr Wienacker beigesetzt wird.

Sylvie: Mach ich.

Sylvie geht, komm nach ein paar Minuten wieder.

Sylvie: Am Dienstag um 11 Uhr, auf dem Westfriedhof.

Kellermann: Ja, ist gut. Ich denke, ich werde hingehen. Halten Sie mir den Dienstagmorgen frei. Und wenn da schon irgendein Termin ist, rufen sie bitte an und disponieren Sie um. Danke.

Szene 19

Friedhof. Die Postkapelle spielt 'Ich hatt einen Kameraden'. Kellermann hält sich im Hintergrund. Er kondoliert als letzter.

Kellermann: Frau Wienacker, es tut mir leid, dass Ihr Mann so überraschend von uns gegangen ist. Ich bin Dr. Kellermann. Er war bei mir in Behandlung.

Clara: Sie sind das?

Kellermann: Ja. Frau Wienacker, ich kannte Ihren Mann noch nicht lange, dafür aber etwas intensiver als vielleicht andere. Es gibt da noch etwas zu regeln.

Clara: Sie werden Ihr Honorar schon bekommen.

Kellermann: Das meine ich nicht. Es geht um eine Hinterlassenschaft Ihres Mannes an Sie. Könnten wir kurz reden? Und danach irgendwann ausführlicher? Sie müssen sich ja jetzt erst um die Trauergesellschaft kümmern.

Clara: Ein paar Minuten hätte ich schon. Die Gesellschaft trifft sich in der 'Alten Linde'. Das ist etwa zehn Minuten von hier, mit dem Wagen. Begleiten Sie mich zum Parkplatz!

Kellermann: Mein Wagen steht auch da.

Sie gehen zusammen zum Parkplatz des Friedhofs.

Sagen Sie, Frau Wienacker, stimmt es, dass Ihr Mann an einer Pilzvergiftung gestorben ist?

Clara: Ja. Er hatte einen Knollenblätterpilz unter den Maronen. Hatte er nicht für Sie alle gekocht?

Kellermann: Ja. Aber Herr Borowski, der Apotheker, hat nichts davon gegessen. Er sagte, Maronen und Wein vertragen sich nicht.

Er blieb beim Wein. Ich habe es zunächst nicht geglaubt, wollte es ausprobieren, doch dann wurde mir nach den ersten Bissen schummerig und ich habe die Finger davon gelassen. Ihr Mann war da recht unbekümmert. Er nahm Cognac und
Rotwein und aß die ganzen Pilze. So als müsste er uns beweisen, dass sich Maronen und Alkohol gut vertragen. Sagen Sie, hat er sehr gelitten?

Clara: Er hat sich in der Nacht stundenlang erbrochen. Wir dachten, es läge am Alkohol. Er hatte ja eine ziemliche Fahne nach dem Abend bei Ihnen. Am Morgen ging es wieder. Er hat sogar das Frühstück gemacht, sich danach aber wieder hingelegt. Ich musste zu einer Orchesterprobe. Am Abend finde ich ihn im Koma. Im Krankenhaus wussten sie zuerst nicht, was los war. Und dann war es zu spät. Nur eine Lebertransplantation hätte ihn noch retten können. Ja, und jetzt stehe ich vor einem Berg voller Sorgen und weiß gar nicht, wie es weitergehen soll. Was meinten Sie denn mit 'Hinterlassenschaft'?

Kellermann: Frau Wienacker. Sie wissen ja, dass Ihr Mann wegen gewisser Probleme bei mir war, die ich mir allerdings nie so richtig vorstellen konnte. Aber er liebte Sie. Ich hatte ihm geraten, nicht auf sich selber fixiert zu sein, sondern zu überlegen, wie er Ihnen eine Freude machen könnte. Er war mir zu egozentrisch, was ich ihm natürlich so nie gesagt habe. Aber er hat es kapiert. Und bei der letzten Sitzung hat er mir 20 000 Euro gegeben und gesagt: "Die habe ich gespart. Es soll eine Überraschung sein für meine Frau. Sie organisieren das bitte für mich, damit sie nichts merkt. Es ist ein Flug nach Peking und dann eine Zugfahrt nach Lhasa. Für zwei Personen. Nehmen Sie Anfang Januar. Da hat sie eine längere Spielpause."

Clara: Mein Gott. Ja, das war immer mein Traum. Sie haben das Geld noch?

Kellermann: Nein. Die Reise ist schon gebucht und bezahlt. Es ist auch nicht mehr rückgängig zu machen. Man kann nur noch die Begleitperson austauschen. Nehmen Sie eine Freundin mit.

Clara (*seufzt*)**:** Darüber muss ich erst einmal nachdenken. Das kommt so überraschend. Ich habe im Moment nur das Gefühl, als flöge mir ein Schwarm Vögel durch den Kopf.

Kellermann: Was halten Sie davon, wenn Sie mich in meiner Sprechstunde besuchen? Dann reden wir darüber und ich kann Ihnen auch die Reiseunterlagen geben.

Clara: Wann?

Kellermann: Sagen wir nächste Woche, Montag, zehn Uhr?

Clara: Ja, das ginge.

Kellermann: So, hier sind wir. Das ist mein Wagen. Ich darf mich von Ihnen verabschieden.

Clara: Ein roter Ferrari. Den sieht man selten.

Kellermann: Ja. Ist brandneu. War ein langer Traum von mir. Also, Frau Wienacker, wir sehen uns dann am Montag. Bei allem traurigen Anlass, ich muss Ihnen gestehen, dass ich mich freue, eine sehr sympathische Frau kennen gelernt zu haben.

Clara: Bis Montag. Ich komme dann wegen der Reiseunterlagen. Etwas Ablenkung wäre jetzt nicht falsch. Verstehen Sie das bitte nicht als Gefühllosigkeit meinem Mann gegenüber.

Kellermann: Nein, nein. Auf keinen Fall.

Szene 20

Praxis Dr. Kellermann

Kellermann: Sylvie, die Frau Wienacker kommt gleich. Schicken Sie sie doch bitte sofort zu mir ins Sprechzimmer. Alle anderen haben zu warten.

Sylvie: Es ist niemand da.

Kellermann: Die Welt wird gesünder.

Sylvie: Weswegen kommt die Frau Wienacker denn, wenn ich fragen darf.

Kellermann: Sie haben ja schon gefragt. Also, sie braucht etwas seelische Unterstützung. Behandeln Sie sie höflich, so als hätten Sie die allerbesten Erinnerungen an Ihren Mann.

Sylvie: Hab' ich doch auch. Irgendwie war der ganz natürlich.

Kellermann geht, setzt sich an seinen Schreibtisch, murmelt: Komm, alter Junge, guter Buddha. Besser vom Regal auf den Schreibtisch. *Er steht wieder auf, geht ein Stück, man hört, wie er etwas abstellt. Er setzt sich wieder, murmelt:* Ich weiß zwar
nicht, wo du herkommst, siamesisch, burmesisch, laotisch oder wie auch immer, aber ab jetzt bist du tibetisch.

Es klopft.

Kellermann: Herein, bitte! Ach, Frau Wienacker. Schön, dass Sie gekommen sind. Bitte setzen Sie sich.

Clara: Ja, da bin ich also. Hier saß auch mein Mann?

Kellermann: Er lag meistens auf der Couch. Da konnte er besser erzählen.

Clara: Was hat er Ihnen denn so erzählt?

Kellermann: Nun ja, von seinen Obsessionen oder sagen wir genauer: von einer bestimmten.

Clara: Mich betreffend?

Kellermann: Ja und nein. Wissen Sie, und das hat die Analyse eindeutig erbracht, Ihr Mann hatte eine Fixierung hinsichtlich seiner Mutter. Er wollte in eine Art Urzustand, war einer frühen postnatalen Phase verhaftet, wollte zurück in den
Schoß. Das kann man natürlich keiner Frau zumuten.

Clara: Mich trifft also keine Schuld, wenn es ihm nicht gut ging?

Kellermann: Ich bitte Sie! Auf keinen Fall!

Clara: Ich hatte mir schon Vorwürfe gemacht.

Kellermann: Das brauchen Sie wirklich nicht!

Clara: Ich bin Ihnen sehr dankbar dafür. Ist das hier der Buddha, den Sie ihm gezeigt hatten?

Kellermann: Ja, ein tibetischer, aus Lhasa.

Clara: Sie waren schon einmal dort?

Kellermann: Nein, noch nicht. Es ist ein Traum geblieben.

Clara: Herr Dr. Kellermann, ich weiß nicht, wie ich es sagen soll. Sie meinten doch neulich, ich sei Ihnen sehr sympathisch.

Kellermann: Immer noch, Frau Wienacker.
Clara: Sie sind es mir auch. Vor allem wegen Ihrer Ehrlichkeit. Von dem Geld hätten Sie ja gar nichts zu sagen brauchen.

Kellermann: Ich bitte Sie, Frau Wienacker! Das war doch selbstverständlich.

Clara: Wegen der Hinterlassenschaft, ich meine wegen der Reise, könnten Sie sich eventuell vorstellen, wenn wir die zusammen unternehmen, als Bildungsreise?

Kellermann (*lehnt sich zurück, atmet durch*): Im Prinzip ja. Aber ich darf es mir überlegen? Nicht wegen Ihnen. Aber ich kann die Praxis nicht so einfach im Stich lassen. Da müsste ich etwas arrangieren.

Clara: Versuchen Sie es doch bitte!

Szene 21

Bei Dr. Kellermann zu Hause. Abends. Borowski klingelt.

Kellermann: Komm rein, Berthold! Immer noch besorgt?
Borowski: Das Gewissen!

Kellermann: Ach was! Wir haben Leiden gegen Glück getauscht. Wienacker hat Ruhe. Du bist die Apotheke los, und ich muss mich nicht mehr mit den Problemen anderer Leute rumschlagen. Außerdem habe ich jetzt endlich eine schöne, attraktive Frau.

Borowski: Wie das?

Kellermann: Wir fahren gemeinsam nach Lhasa, Clara Wienacker und ich. Also zuerst Flug nach Peking, Business Class natürlich. Dann weiter mit dem Zug.

Borowski: Und dann? Ich meine, wenn ihr zurück seid.

Kellermann: Weiß ich doch jetzt noch nicht.

Borowski: Und du hast kein schlechtes Gewissen?

Kellermann: Nein!